Lieder

ohne

Noten

Wolfgang Lorenz

„LIEDER OHNE NOTEN"

widme ich meiner lieben Frau und Weggefährtin
Annelies
. . . schön, dass es Dich gibt . . .

Lieder ohne Noten

sind

erlebtes + erträumtes Leben

Aphorismen

&

Gefühle

Gedanken

Gedichte

LiebeGedichte

Liebesgedichte

Impressum:
©2022 – alle Rechte bei Wolfgang Lorenz
2. Auflage: Juli 2022
Autor:Wolfgang Lorenz

Das Werk, einschließlich seiner Teile, ist urheberrechtlich geschützt. Jede Verwertung ist ohne Zustimmung des Autors unzulässig. Dies gilt insbesondere für elektronische oder sonstige Vervielfältigung, Übersetzung, Verbreitung und öffentliche Zugänglichmachung.

Bibliografische Information der Deutschen Nationalbibliothek:
Die Deutsche Nationalbibliothek verzeichnet diese Publikation in der Deutschen Nationalbibliografie; detaillierte bibliografische Daten sin abrufbar unter: //http://dnb.de.

TWENTYSIX
Eine Marke der Books on Demand GmbH
Herstellung und Verlag:
BoD – Books on Demand, Norderstedt

ISBN: 978 3740 7074 53

Vorwort

Dieser Gedichtband stellt nicht nur eine Sammlung
mehr oder weniger gelungener Gedichte dar.

Es ist ein Abriss von dem, was
gelebtes + erlebtes, geträumtes + erträumtes
Leben eines Menschen unter uns beschreibt.

Aus einem einzigen Aphorismus, aus einem einzigen
Vers kann Kraft erwachsen, indem das Zufällige des
Alltags sich als Vision des Ewigen vor uns hinstellt,
um wie durch ein Fenster unsere Sinne auf
eine andere, mögliche Welt zu führen.

Findet ein Mensch die Stimmungen seines Daseins in
Gedichten wieder, dann vermag die Welt der Gedichte
ihn in seinen Freuden zu stärken,
in seinem Leid zu trösten,
in seinem Wesen zu vertiefen,
ja, zu befreien.

Die Freiheit der Lyrik ist grenzenlos.
Lyrik kann uns wieder die verlorene Spiritualität
schenken.

wolo

6

I.

Für meine Töchter

Angela + Sonja

Für Angela

Das Glück am Morgen

An Buhne sieben um halb acht
die kleine Spitzmaus Lilie lacht.
Vollends war sie noch nicht erwacht,
als früh der Tag ihr Glück gebracht.

Geschmiedet war's aus purem Gold,
doch zahlen kann man dafür keinen Sold.
An Schönheit tausend Elfen gleich -
ist's ein Geschenk vom Himmelreich.

Nun Spitzmaus Lilie träumt halb wach,
wer Hat mir nur dies Glück gebracht?
Es macht den Kopf dir frei von Sorgen -
der erste Sonnenstrahl am Morgen.

Für Sonja

Die Kirchenmaus

War einmal eine Kirchenmaus,
die hielt man sich zum Beten.
Sie wohnte tief im Gotteshaus
und feierte dort Feten

Die Orgel spielte hell und klar
in höchstem Flötentone.
Die Maus laut in der Krypta war
und kümmert sich die Bohne.

Die Brüder trugen Brot und Wein
dem Prior zum Altar.
Das Mäuslein labt sich keck und fein,
es mundet wunderbar.

Als dann der Kirche Glocke schlug
erst acht dann neun und zehn –
der Küster auf das Haupt ihr schlug,
da war´s um sie gescheh´n.

Man trug die Maus ins stille Grab
und schrieb auf einen Stein:

„Edel sei der Mensch, hilfreich und gut,"
Darf Kirche denn so herzlos sein?

Und die Moral dieser Geschichte:
Kirche tut nicht immer gut(es) – mitnichten!

Für Sonja zum 21. Geburtstag

GEH DEINEN WEG

Zier dich nicht
Versuche zu sein, nicht zu scheinen

Genieße dich!

Verschreib dich nicht nur einer Idee
verirre dich nicht,
bleib mit dir im Reinen.
Zeig Verständnis,
aber, verstehe nicht zu gut.

Lüge nicht,
dann darfst du Ehrlichkeit verlangen.

Geh dem Kummer nicht entgegen
und erfreue dich am Glück.

Prüfe dich,
ob du weißt, wovon du sprichst.

Zweifle nicht,
jeder Berg lässt sich bewegen.

Traue Dir + Traue Dich
hab Selbstvertrauen
+
Gib nie auf
Sei immer bereit für´s große Glück.

Für Angi + Sonni

Wo treffen wir uns?
Mir wär es recht
im Storchennest
so ungefähr Nordostsüdwest.

Oder – vielleicht
beim Mann im Mond?
Ich hab gehört,
die Aussicht lohnt.

Von mir aus auch
im fremden Land
auf Kaktus zwölf
im Wüstensand.

Ob Kaktus oder Storchennest
ob hüben oder drüben.
Mit euch treff ich mich überall
auch zwischen Kraut und Rüben!

II.

DRESDEN

... mehr als eine Stadt

Eine Ode an Dresden

Im Osten küsst das Morgenrot
den Horizont ganz sacht
und füllt ihn auf mit heißer Glut,
weckt ihn aus dunkler Nacht.

Im Osten geht die Sonne auf,
im Osten da bist du.
Wo sich verträumte Nebel drehn
erwachst aus Nachtes Ruh,
Du
mein geliebtes Dresden

---

* Fußnote
Dieses Gedicht wurde in der Frankfurter Bibliothek durch die Brentano-Gesellschaft im Jahrbuch 2010 für zeitgenössische Gedichte veröffentlicht.

DRESDEN...Symphonie einer Stadt

Wie sehr muss Gott
die Sachsen geliebt haben,
dass er sie eine Stadt wie
Dresden erbauen ließ,
deren Schönheit und Anmut
allein mit Worten
sich nicht beschreiben lässt.

Ein warmer Frühlingsabend am
rechten Ufer der Elbe
vor dem Panorama dieser Stadt,
das überwältigender nicht sein kann,
dessen Bann dich einatmet
und für immer gefangen hält –

während blütenschwere Luft
die Klänge aus der
Semperoper herüberträgt
über die horchenden Elbauen.
Es ist
Beethovens 3. Symphonie
EROIKA
sie erzählt die Geschichte der Stadt
DRESDEN

Der Wiederaufbau

der

Frauenkirche

zu Dresden

bedeutet

Bewahrung

von

Demut und Güte

in den

Herzen

der

Menschen

Asylantrag

Dresden, ich komme zu Dir
Dresden, nimm mich auf in Dir.

Beim ersten Mal da ich Dich sah,
da lieb ich Dich – nun 20 Jahr.

Durch Deine Gassen wogt stetiges Raunen,
mischt leicht sich mit der Auen Horchen und Staunen.

Dresden, all das kommt aus Dir,
Dresden, bitte schenke Dich mir.

Dresden, Dich trag ich immer – in mir!

13. Februar 1945
Dresden

Trauer zieht über das Land
verhüllt in dunklem Gewand
Trauer von Sachsen bis Helgoland

Trauer bedeckt Felder und Seen
erklimmt des Landes höchste Höhn
Trauer lähmt unsern Verstand.
Krieg hat diese Stadt verbrannt.

Trauerns Wolke weint sich aus
und füllt ein Meer mit Leid.

Doch bald...
kommt wieder in dein Haus
des Lebens Licht
mit der Kinder
Fröhlichkeit.

III.

Leben

als Geschenk

als Glück

als Hoffnung

als Trauer

als Verzweiflung

Ein Kind

ward

uns geboren

ein Gott ward uns

geschenkt

Jesus

ist sein Name

der unsre Wege

lenkt

Schicksal

Eine hohe Macht!
Ein kleiner Zufall?
Wer hat es sich nur ausgedacht,
Das Wörtchen Schicksal?

Ein Wort nur, für manchen das große Glück.
Ein Wort nur, für manchen die tiefe Trauer.
Man fragt, was es sei, nur es kommt nichts zurück,
selbst nachdenken macht uns nicht schlauer.

Das Schicksal, für manchen der Tod.
Das Schicksal, für manchen das Leben.
Für den einen ist es die größte Not,
für den anderen – der heilige Segen

Ist es Liebe, die kommt oder geht?
Ist es Hass, der nicht ewig bleibt?
Sind es Gefühle, die der Mensch nicht versteht?
Ist es ein ein Grund für Sehnsucht und Einsamkeit?

Ist es die Zukunft oder die Vergangenheit?
Sollte man Angst davor empfinden?
Eine verschlossene Tür oder die nächste Gelegenheit?
Das Wort wird wohl niemals verschwinden.

So bleibt dann das Schicksal
eine hohe Macht, aus
Allmacht und Ohnmacht
zwischen

Wasser ist Leben

warm und weich

entzieht man ihm jedoch

die Wärme

so wird es

kalt und hart

wie Eis --- wie Stein

Fußnote:
Der Mensch besteht zu ca. 70% aus Wasser

Pianissimo

Nicht jeder Tag wird von
Triumph gekrönt,
nicht jedes Finale endet
mit einem Paukenschlag.

Schön ist der Tag,
der demütig, leise werdend
zu Ende geht
Piano
Pianissimo.

Aus solchem Finale
erwachsen Traumstunden
mit den intimsten Gefühlen von

Ruhe   Glück   Liebe

Das Leben

Das Leben fragt nie – ob es gerade passt!
Es lässt sich nicht lenken noch manipulieren.
Drum lebe es – wie es dich lenkt!

Das Leben fragt nie – ob es gerade passt!
Mischt schönste Gedanken mit quälenden Fragen.
Das Leben hilft tragen die Last!

Was mir im Leben so gefällt
auf dieser wunderschönen Welt;
...und wieder hätt ich´s gern bestellt:

Jedes Frühjahr das erste Lärchengrün
oder wenn im Elbtal die Kirschen blühn;

Kuckucksrufen, am Wald ein Reh,
Spaziergang in duftender Lindenallee;

Des Gebirgsbachs mächtiges Tosen,
deinen Arm gefüllt mit duftenden Rosen;

Das Meer genießen am Nordseestrand,
gemeinsam durch´s Leben, Hand in Hand;

im Sommer bei der Arbeit schwitzen,
und des abends gemütlich im Biergarten sitzen;

und wenn man auf die Nase fällt,
dass jemand da ist, der dich hält;

selbst wenn du glaubst, dass gar nichts nützt,
er zu dir steht – und dich beschützt.

Das Altern ist die Woge
im Meer.

Wer sich von ihr tragen lässt,
bleibt obenauf.

Wer sich dagegen aufbäumt,
geht unter.

Lache das Leben an

vielleicht

lacht es zurück

Säulen des Lebens

Glaube – Hoffnung – Liebe

Es vergeht die Gewissheit –

Es bleibt der Glaube

Es täuscht der Ausweg –

Es bleibt immer die Hoffnung

Es tötet im Hass das Böse den Hass –

Es lebt unsterblich die Liebe .

Wenn ich lache

öffnet sich das Tor zu meiner Seele

welches der Welt da draußen offenbart,

wie glücklich ich bin.

Traumerfüllung

Ein kleiner Traum, nur kurz gefühlt,
hat mich erhitzt in jener Nacht.
Es war nur Schaum, war schnell verkühlt,
hab nicht mehr lang an ihn gedacht.

Eines doch, das ward mir klarer;
man kann nicht halten was man will.
Traumerfüllung, sie wird rarer –
und in den Herzen wird es still.

Sonntag

Lasst jeden Tag uns neu erschließen,
als wenn es wieder Sonntag wär.
Niemand darf uns diesen Tag verdrießen,
denn Alltag wollen wir nicht mehr.

Ein jeder Sonntag wird zum Fest,
wenn Frühling lässt sein Lied erklingen.
Lasst lauschen uns der Kinder Singen,
wollen´s genießen bis zum Rest.

Gute Träume kommen wieder
unter warmer Sonne Strahl,
und im Herzen hörst du wieder,
freu dich auf ein nächstes Mal.

Dieser Tag geht nie zu Ende,
da er doch morgen wiederkehrt.
So leg dein Haupt in Gottes Hände,
da ruhst du gut und unversehrt

Es ist gut

für ein paar Tage
in ein Kloster zu gehen,

um sich einzuloggen
bei Gott!

Das Passwort heißt

Glauben.

Leben und Lieben

bedeutet:

Brücken bauen

in Herzen schauen

auf Gott vertrauen

Balsam

Ein Gedicht deckt deine Wunden zu.

Ein Gedicht, es stillt den Schmerz.

Ein Gedicht, es tröstet dein Herz.

Ein Gedicht, es schenkt dir Ruh.

Und es bleibt ein Sehnen …

Der nächtliche Sturm hat sich gelegt,
das Meer kommt langsam zur Ruh,
wie auch meine Seele findet wieder ihr Ich,
nachdem sie verbannte das einst so geliebte Du.

Ich sitze geborgen im warmen Sand,
zärtlich umspielen die Wellen mich;
zerrissen ist alles was uns verband,
was sollte halten ewiglich.

Versiegt sind die letzten Tränen,
nach vorne gerichtet der Blick.
Doch bleibt im Herzen ein Sehnen
nach Liebe – Nähe – Glück.

Die Zeit

war aus der Schöpfung

geboren

Der Mensch

kommt aus der

Zeit

und geht in die Zeit

ist das die

Ewigkeit?

Abschied ist Anfang

Begegne der Welt und den Menschen

mit allen deinen Sinnen.

Nur dann wirst du sie verstehen,

ihre Widersprüche reizvoll finden

und über das weltliche Glück –

zum Licht finden, das wir alle suchen.

Am Ende unserer Tage wird

im Abschied ein Anfang

in dem wir uns alle wiederfinden.

Alt ist

wer an der Vergangenheit

mehr Freude hat

als

an der Zukunft

Der Weg zur

Vollkommenheit

ist unsere

Sehnsucht

nach Liebe

Gebet in der Not

Gott! – schenk mir die Kraft zu leben!
Für Abschied ist die Zeit nicht reif.

Schön war´s den Frühling zu erleben,
der ersten Liebe schönstes Glück.

Der Sommer dann mit seiner Pracht
hat viel Erfüllung mitgebracht.

Den Herbst mit seinen reifen Ernten
lass uns genießen – Farben sehen.

Im Winter würd ich nicht verdrießen.
Dann wär mein Leben wunderschön.

Gott!   Schenk mir Kraft zu leben!
Ein ganzes – ein ganzes Leben lang!

Wohin

Wohin kannst du gehen – wohin?
Alle Wege sind versperrt,
außer einem …

Du siehst Licht,
ganz weit weg.

Der Blick in die Sterne
und
– ein Gedanke –
es ist soweit

Der einzig offene Weg
führt dich
in die Ewigkeit
…........
…...
….
..
.

Leben ist wie

Ebbe und Flut.

Es dauert seine Zeit

bis du ganz da bist.

Und es ist unaufhaltsam

dass du wieder gehst.

Wandlung nur, nicht das Ende;

so nahm der Tod dein Kind.

Wir alle gehen in Gottes Hände,

die uns immer offen sind.

Und er wird dort vollenden,

was er Hier begann.

Denn unsre Wege enden,

wo seine fangen an.

Es ist die Zeit der Tränen,
des Abschieds und des Leids.

Unbeschreibliche Traurigkeit
lässt uns alles in Frage stellen.

Zu viele Tränen füllen das Leid!

Doch dann – irgendwann
hörst du sie wieder lachen.

Es geschieht tief in deinem Herzen,
wo immer ihr Platz war und ist.

Es ist ihr Körper nicht ihre Seele,
die dich verlassen hat.

Und eure Seelen finden sich wieder
tief in deinem Herzen,
wo sich ihr Lachen verborgen hat
bis dein Leid der Erinnerung weicht.

*Fußnote:
Kondolenzbrief an meinen Bruder Michael anlässlich des zu frühen Todes seiner
lieben Frau Elfi

Steh nicht weinend an meinem Grab
ich bin nicht da unten
ich schlafe nicht

Ich bin das Lachen in deinen Augen
Ich bin das Glitzern der Sonne im Schnee
Ich bin der sanfte Regen im Herbst
Ich bin das Eichhörnchen das vor dir springt
Ich bin das Lied das aus dir singt
ich bin der Vogel der zwitschert im Morgengrauen
Ich bin das Strahlen der Kerzen am Weihnachtsbaum
Ich bin der der Traum der deinen Schlaf bewacht
Ich bin die Sonne die hoch am Himmel lacht
Ich bin der Stern der deine Nacht erhellt
Ich bin der Mond der nie vom Himmel fällt
Ich bin das Glück das immer zu dir hält

Steh nicht weinend an meinem Grab
ich bin nicht da unten
ich schlafe nicht

*Fußnote:
...den letzten Worten eines sterbenden Indianers nachempfunden (Quelle?)

Violine ...
Du Stimme meiner Seele ...

    kannst ...

        singen, lachen, scherzen,
        trauern, voller Schmerzen.

        Vor Glück und Freude jubilieren,
        Leid und Sehnsucht zelebrieren

        Empört und zornig Böses hassen,
        zärtlich, ganz sacht ein Herz umfassen.

Violine ...
Ein Klang wie aus heiligen Sphären ...

Poseidon

Zwischen den Korallenbänken
ist die Welt so schön
zum denken

Unter Annemonenbäumen
schweben Seepferdchen
und träumen

Träumen von dem großen Stern
wo sie lebten einst
so gern …

Ende

Woher kam es so plötzlich?
Wer hat es bestellt?
Warum haben wir die Signale nicht erkannt?
Wieso konnten wir es nicht abwenden?
Nun ist es da, das Ende.

Haben wir versagt?
Versäumten wir das Verständnis?
Fehlten uns die rechten Worte?
Oder war es einfach Kismet?
Ist es das Ende?

Vielleicht ist es nur eine Umleitung,
ein Weg der Erkenntnis,
Zeit für innere Einsicht?
Die Chance, wieder zueinander zu finden?

Nein – es ist das

Ende

Verzweiflung

Sieh nur, der Wind hat sich gedreht,
hat falsche Freunde fortgeweht
Auch falsche Treue und ihre Versprechen.

Nun plötzlich ist es bitterkalt.
Ich brauch ihn wieder – Deinen Halt,
um nicht zu verzweifeln, um nicht zu zerbrechen.

Hilf mir grade zu stehn.
Hilf mir, die Wahrheit zu verstehn.
Hilf mir, mich gegen den Strom zu drehn.
Hilf mir, den schweren, den geraden Weg zu gehn.

In dieser Welt, in dieser Zeit,
wo Falschheit und Verlogenheit
gedeihn und blühn an allen an allen Enden,
wo eilig man sein Wort bricht,
im Augenblick, da man es spricht,
um rasch das Fähnlein nach dem Wind zu wenden.

Du, die Du meine Seele siehst,
mich wie ein offenes Buch auch liest,
all meine Geheimnisse weist,
die Du mir Rat und Sanftmut leihst,
von dunklen Stunden weißt in meinem Leben,
weil Du mich liebst,
hilf mir,
nicht aufzugeben!

*Fußnote:
in tiefster Verzweiflung-aus einem Brief an meine Mutter+alles wurde gut

Die Summe unseres Lebens

sind die Stunden

in denen wir liebten

IV.

Unsere Welt

unser Denken

unser Handeln

mit+ohne

Erfolg

Eine lyrische Erzählung

Ein Tag erwacht
15.10.2008 um 05:00 Uhr
Morsumer Kliff

Eine sanfte Ruhe liegt schläfrig über der fast rostig farbigen, nahezu verblühten Heidelandschaft in den hohen Dünen zwischen Wattenmeer und Nordsee auf der Insel Sylt.

Ganz seltsam ertönen Geräusche einer großen Versammlung von Zugvögeln im ersten fahlen Licht des dichten Morgennebels über Watt und Heide des Morsumer Kliffs.

Kein Verkehr ist zu hören von nah oder fern, kein Mensch stört das Kliff bei der ihm eigenen Art zu erwachen.
Oh, du wunderschöne Welt, die du uns auch das fahle Grau des Morgennebels in der ihm eigenen Farbenpracht, in fast farbig erscheinenden Grau-Nuancen kunstvoll darstellst.

Eine große Schar Zugvögel ist erwacht und scheint sich intensiv zu beraten, dann wird heftig diskutiert, bis schließlich lautstark schnatternd der Beschluss zum gemeinsamen Aufbruch gefasst ist.

Begleitet von kräftigem Getöse und gellenden Rufen erhebt sich eine Wolke graubrauner Wildgänse in die Lüfte und verlässt die Insel in Richtung Süden.

Im Frühling werden die Gänse auf dem Rückweg nach Schweden und Finnland wohl wieder hier rasten.
Ein spektakuläres Naturschauspiel, das sich im Wandel der Jahreszeiten unaufhörlich wiederholt.

Noch versteckt sich die Sonne hinter den tanzenden Nebelschwaden und malt dabei aber schon die kleinen, weißen Schäfchenwolken am fast noch nachtblauen Himmel mit rosa Farbe an.

Noch einmal hat die Natur Zeit, tief Luft zu holen, um dann in einem Rausch von Licht mit dem ersten Sonnenstrahl abermillionen Tautropfen in funkelnde Diamanten zu verwandeln, in einen neuen, guten Tag zu verwandeln.

Wunder der Natur –

Unfassbare Verschwendung – für einen Augenblick.

© wolo-wortspiele

14

Tage

Sylt

Die Seele …

… baumelt	denkt nach …
… revoltiert	besinnt sich …
… verzweifelt	vertraut …
… betet	glaubt …
… jubiliert	triumphiert …
… kämpft	rebelliert …
… träumt	ruht aus …

Die Seele …

… sortiert sich einfach neu …

Urlaub

Eingebettet in Ruhe.
Friedvoll ist die Natur.
Du hast Zeit zum Sein, und
die Gedanken sind frei.

Sanft ist der Herzschlag.
Den Atem fühlen.
Kein Zwang, keine Enge.
Seelenfrieden.

Fern ist die Hektik.
Kein Programm diktiert den Tag.
Alles vergessen.
Der Tag bringt, was er mag.

Der Tag

Nachts ruht der Tag nur aus,

damit er von der Sonne Glanz

die Farben des Regenbogens

neu in sch versammeln kann.

Und wieder kommt ein guter Tag.

Frühling

Wie zart ist dieser Duft,
wenn tausend Knospen beben,
sich aus des Südens Luft
zart Frühlingswinde heben.

Leise, ganz leise es beginnt
wenn gelb sich Weiden schmücken,
und der letzte Schnee verrinnt
Narzissen strahlen voll Entzücken.

Die Vögel in den saft´gen Zweigen
singen ihr schönes Lied
von Liebe und vom Reigen,
der aus den Knospen sprießt.

Der Mensch erinnert sich zu lachen
und Winters Trübsal sich erhellt.
Der Frühling kann nur glücklich machen
in dieser wunderbaren Welt.

Ich möchte …

einmal tun was mir gefällt
Alles sehen auf dieser Welt
Einmal in süßem Fruchtsaft baden
Ziehen dann am seidenen Faden
Einen großen Traum erfüllen
Durch Mohnblumenfelder rennen
Den allerletzten Bus verpennen
Alle Rechnungen verbrennen
Auf ganz hohen Wolken fliegen
Und auf sanften Federn liegen
Den höchsten Berg erklimmen
Gegen den Strom anschwimmen
Auf den Sonnenaufgang warten
Birnen klauen aus Nachbars Garten
Barfuß tanzen im Sommerregen
Alles Unbewegliche bewegen
Unbesorgt die Wahrheit aussprechen
Lästige Regeln einfach brechen
Eine Perle in der Muschel finden
Alle Sorgen und allen Ärger überwinden
Einmal tun was mir gefällt
in einer wunderbaren Welt

Die Zeit

Rosen pflücke, Rosen blühen,
morgen ist nicht heut –
keine Stunde lass entfliehen,
flüchtig ist die Zeit.

Heute ist's die große Liebe,
morgen schon verpasste Zeit –
nimm dein Glück in beide Hände,
flüchtig ist die Zeit.

Nach einer guten Tat
hat's manchen schon gereut –
Heute leben – ist mein Rat,
flüchtig ist die Zeit.

Die Jugend des Alters

schenkt uns

Weisheit

und

Gelassenheit

Wenn mein Herz

mir

eine Geschichte erzählt,

dann

schreibe ich sie nieder

als

Gedicht:

Denn

Gedichte

sind Geschichten,

die das Herz erzählt.

Hibiskus grüßt Ikarus

Einst konnte meine Seele fliegen;
weit, bis in den duftenden Süden,
wo strahlend der Hibiskus blüht,
ein Herz im Traum vor Liebe glüht.

Schön war die Zeit in all der Pracht,
ein Sturm hat sie zu Fall gebracht.
Er brach der Seele beide Flügel.
Jetzt kriecht sie nur am Fuß der Hügel.

Nie mehr über Hibiskus fliegen?
Nie mehr von ganzem Herzen lieben?
Vom Fliegen mag die Seele nur träumen,
wenn Blütenduft strömt aus Hibiskuszweigen.

Die Vergangenheit

ist schon Geschichte

Die Zukunft

ist noch Geheimnis

Die Gegenwart

ist das Geschenk,

ist der Augenblick

in dem wir leben.

Nicht gestern – nicht morgen

– j e t z t –

Es ist egal
was du machst in deinem Leben –

Mach es –

    … aus vollem Herzen
    … mit deiner Seele
    … und so gut du kannst

    … dann wird alles gut!

Der Dialog

mit unseren Ahnen

findet statt

in unseren Träumen

Ein Augenblick

kommt nie zurück

und sei es

tausendfaches Glück.

Drum lebe

in der

Gegenwart,

im Augenblick

ob schön – ob hart.

Jeder Tag

beginnt

mit einem Wunder

Wir müssen es

nur

erkennen

Alle Gedanken

welche du in bester Absicht

auf gutes Papier

und in sauberer Schrift

niederschreibst,

haben und erhalten ihren Wert

für dich und andere.

Achtsamkeit

So manches Herz öffnet sich dir,

wie sich Blumen öffnen,

wenn die Morgenröte

sie küsst . . .

Jahreszeiten des Lebens

Ich wünsche Dir
an jedem Tag
ein bisschen Frühling,
mit frohen Erwartungen,
blühenden Träumen und
neuen Möglichkeiten.

Ich wünsche Dir
an jedem Tag
ein bisschen Sommer,
mit strahlenden Aussichten,
wärmender Kraft und
hoffnungsvollen Weiten.

Ich wünsche Dir
an jedem Tag
ein bisschen Herbst,
mit gewachsener Reife,
bunten Früchten und
dankbarem Herzen.

Ich wünsche Dir
an jedem Tag
ein bisschen Winter,
mit geduldiger Gelassenheit,
Weisheit des Herzens und
Licht in Dunkelheit und Leid.

Zum Geburtstag

Es ist bei uns nun mal so Brauch,
zum Geburtstag gratuliert man auch.
Man feiert eine schöne Zahl,
doch hat man sonst auch keine Wahl.

Und wärst du fern auf einem Stern,
ich tät´s auch dann von Herzen gern.
Freu dich mit allen, die dich lieben –
drum hab ich dies Gedicht geschrieben:

Will dir heut gern was Schönes schenken,
bin ganz konfus vom vielen Denken.
Ich wollte schenken, was auch hält,
man nirgendwo bekommt für Geld.

Drum schenk ich heut, was Dir auch bliebe –
mein ganzes Herz gefüllt mit Liebe!

Zur Kirschblüte

im Elbtal, wenn die Kirschen blühn,
wie gern würd ich gen Osten ziehn,
zu meinem Liebchen, wunderbar,
die im April geboren war.

Küssen würd ich sie zärtlich und liebkosen,
beschenken mit Flieder und bunten Rosen;
schlöss sie in meine Arme ein
und endlich wäre sie dann mein.

An diesem, ihrem Ehrentag
ihr nur mein Herz zu Füßen lag.
Mein Liebchen lebt entfernt so weit,
drum träum in nun, wir wär´n vereint.

V.

LIEBE

Gefühle + Träume + Wünsche

erfüllte
+
unerfüllte
+
zerbrochene

Undurchschaubar –

und doch klar

Unbeschreiblich –

und doch da

unglaublich –

und doch wahr

Fern –

und doch so nah

– L I E B E –

Glück

Glück ist   wenn ich an dich denke

Glück ist   wenn ich dich beschenke

Glück ist   wenn du bist in der Nähe

Glück ist   wenn ich dich sehe

Glück ist   wenn du bei mir bist

Glück ist   wenn du mich zärtlich küsst

Glück ist   wenn du herzlich lachst

Glück ist   wenn du einfach Unsinn machst

Glück ist   wenn ich dich berühre

Glück ist   wenn ich deinen Herzschlag spüre

Glück ist   wenn ich in deine Augen schaue

Glück ist   wenn ich dir blind vertraue

Glück –   mein großes Glück – bist du!

Ein tiefer Blick

Ein tiefer Blick in dein Augenpaar,
das leuchtet und strahlt so wunderbar.

Ein tiefer Blick in dein Gesicht,
das mit Güte und Freude besticht.

Ein tiefer Blick in dein Herz,
das blüht vor Liebe ohne Schmerz.

Ein tiefer Blick in dein Gefühl,
wohltuend warm und niemals kühl.

Ein tiefer Blick in dein Gewissen,
das deine Treue nicht lässt missen.

Ein tiefer Blick zurück, der spricht,
Ich hab dich lieb, vergiss das nicht!

Nacht

Es ist Nacht
und mein Herz kommt zu dir,
hält´s nicht mehr aus,
hält´s nicht mehr aus bei mir.

Legt sich dir auf die Brust,
wie ein Stein,
sinkt hinein,
zu dem deinen hinein.

Dort erst,
dort kommt es zur Ruh,
liegt auf dem Grund
seines ewigen Du.

Ein Lächeln schenke ich dir

Ein Lächeln,
das ich verpackt habe
in meine guten Wünsche.

Das ich zusammengebunden habe
mit einem Sonnenstrahl
und einem Vogellied.

Das ich geschmückt habe
mit einer Schleife
aus Hoffnung,
Zuversicht
und Vertrauen.

Und mit einer Knospe
Freude,

die sich bald öffnen soll!

Mit dir in den Himmel

Ich möchte nicht zurück mehr schauen,
doch jeden Tag dir neu vertrauen.

Ich möcht in deinen Armen liegen,
bis in den Himmel mit dir fliegen.

Ich möcht dich spüren …
mit meinen Lippen zärtlich dich berühren!

Ich möcht dir Platz in meinem Herzen geben,
die große Liebe mit dir erleben!

Deine Sterne

Hast du mich gerne,
dann schau in die Sterne.
Die leuchten dort gar wunderbar –
so manche Träume werden wahr.
Und denkst du heute Nacht an mich,
dann leuchten alle nur für dich!

Ich will der Stern sein in der Nacht,
der über deine Seele wacht,
der sich verflüchtigt dann bei Tag,
dir im Verborgenen weiter lacht.

Wir trafen uns im Nirgendwo
vor gar nicht langer Zeit,
und finden uns wieder irgendwo,
wenn unsre Seelen sind bereit.

DER WEG

zu einem geliebten

Wesen

heißt an seiner

steilsten Stelle

SEHNSUCHT

Liebste,

einen Brief wollt ich dir schreiben,

nun wird es wieder ein Gedicht –

doch ließe ich´s nur einmal bleiben,

dann liebte ich dich nicht.

Trag dich in mir

Trag dich in mir, bevor ich geh,
ganz tief in mir, dann tut´s nicht weh,
behutsam in die Welt hinaus,
mein Herz ist ewig dein Zuhaus.

Trag dich in mir bis ans Licht,
wenn dir ein Leid das Glück zerbricht,
die Tränen küss ich dir dann fort,
schenk Freude dir an jedem Ort.

Lehn dich an meine Schulter an,
damit ich dich umarmen kann.
Noch einen Kuss, ganz lieb von dir,
dann trage ich dich fort – in mir.

Sehn mich nach deiner Liebe
an jedem neuen Tag.

Sehn mich nach deinen Armen,
die zärtlich mich umschlingen;

und deines Lächelns Strahlen
lässt uns das Glück erklingen!

Dein Lächeln

Ist dein Herz mal traurig und schwer,
dann schick mir eine Nachricht her.

Dann werd ich dir mein Lächeln borgen
und verfliegen werden all deine Sorgen.

Denn das Lächeln in deinem Gesicht,
brachte mich auf dieses Gedicht.

Abschied von Dir – 1968

Ich kann nicht mehr atmen,
kann nichts mehr verstehen.
Dein sinnlicher Duft
Will dich nicht mehr sehen.

Ich bin gar nicht traurig.
Du – lieb mich nicht mehr!
Lass mich doch vergessen,
deine Sanftmut und Güte
und noch so viel mehr.

Das Schwarz deiner Haare,
die samtweiche Haut,
das Blau deiner Augen –
es funkelt vertraut.

Ich möchte dich fühlen,
dein Antlitz aufsaugen.
Schaut mich nicht so an
ihr traumhaften Augen!

Könnt dich nie vergessen
so weit ich auch lief – weil
deine Liebe mich leitet
im Herzen ganz tief.

Liebe ist die größte Kraft,
die wir kennen.

Etwas lieben bedeutet,
es mit allen Facetten zu mögen,
zu akzeptieren,
nicht damit zu hadern,
nicht daran zu zweifeln.

Lieben heißt:
Richte deine ganze Energie auf das,
was du von ganzem Herzen willst.

Morgentau

Du bist das Herzstück meines Lebens,
du bist mir Liebe, Glück als Frau.
Ich könnte alles für dich geben.
Die Welt mit dir ist himmelblau.

So wertvoll, schön – wenn ich´s besitze,
erfrischt mich heut wie Morgentau.
Und gleich danach erfüllt mich Hitze,
wenn ich in Deine Augen schau.

Du bist die Güte, die mich leitet,
führst deine Sanftmut vor mir her.
Du bist der Trost, der mich begleitet,
wenn alle Sorgen werden schwer.

Bist mir in kalten Zeiten Wärme,
du Stern, der meine Wege lenkt.
In deinen Armen weil ich gerne,
solang das Leben dich mir schenkt.

Du bist mein Wort

und Du

bist mein Gedanke

an jedem Tag

und auch

in jeder Nacht.

Dass es Dich gibt

dafür ich Gott

sehr danke.

Weil Du mich lenkst

und über meine Seele wachst.

Das Pflänzchen Liebe

Das Pflänzchen Liebe, zart und fein,
behütet und gepflegt will´s sein.

Mit Glück und Freude wächst es gut
und schenkt dir täglich neuen Mut.

Es gibt dir Kraft an schweren Tagen,
hilft so, die Last gemeinsam tragen.

Es schenkt dir – blühend – ganz entzückt,
an jedem Tag das wahre Glück.

Das Pflänzchen Liebe, zart und fein,
soll stets in unsren Herzen sein.

Die vollkommene Liebe

erkennt man daran,

dass einem das Glück

des geliebten Menschen

wichtiger erscheint,

als das Verlangen

nach ihm.

Verbrannte Liebe

Der Winter zieht über das Land.
Die Liebe in uns, wann ist sie verbrannt?

Sie brannte wie Feuer in mancher Nacht,
hat uns wohl um den Verstand gebracht!

Ich drückte dich an meine Lenden,
du hieltest mich fest mit beiden Händen.

Im Frühling schwebte sie durch die Lüfte,
unsere Liebe, getragen von der Rosen Düfte.

Solche Liebe, warum lässt man sie sterben?
Was soll man dann noch seinen Kindern vererben?

Die Liebe zieht über das Land
ohne Verstand – mit leerer Hand
verbrannt

Du fehlst

Wärme, die mir fehlt,
Sehnsucht, die mich quält,

Einsamkeit, die mir zu Schaffen macht,
Traurigkeit, weil ich an dich gedacht,

Gefühle, die ich für dich hege,
Liebe, unsre Liebe, die ich pflege.

Geborgenheit, die ich immer bei dir spüre,
Gemeinsamkeit, die uns lautlos führe.

Du bist es, die mich quält,
weil du es bist, die mir so fehlt.

Unsere Liebe

Diese Rose, von heimlichen Küssen schwer;
sieh, das ist unsere Liebe.

Unsre Hände reichen sie hin und her,
unsre Lippen bedecken sie mehr und mehr,
mit Worten, mit Küssen sehnsuchtsschwer,
unsre Seelen grüßen sich hin und her –
weit übers Meer – so weit übers Meer.

Diese Rose, vom Duft unserer Seelen schwer;
Sieh, das ist unsre Liebe.

Drei Wege

führen in das Innerste des Herzens

Sie sind die Schlüssel zur Seele

Musik

Blumen

Briefe

Sie erschließen uns die Freude

und damit das Glück

. . . und danach strebt der Mensch

Wann ist es Liebe?

… wenn deine Augen mich anschauen
… und strahlen den Sternen gleich
… dann ist es Liebe.

… wenn ich deine Haut spüre
und sie fühlt sich an wie kostbarer Samt
… dann ist es Liebe.

… wenn dein Körper mich berührt
… und ich fühle deinen Herzschlag in mir
… dann ist es Liebe.

Wenn deine Lippen mich küssen
… und ich schwebe auf weißen Wolken
… dann ist es Liebe.

… wenn dann dieser eine Kuss
… all meine Sehnsucht stillt
… dann ist es Liebe.

… wenn deine Arme mich umschlingen
… und meine Seele ist zuhause angekommen
… dann ist es Liebe.

Liebe

hat drei Töchter

Güte

Sanftmut

Geduld

Du – dass es dich gibt

Sei respektvoll mit Dir,
Dich wird's nur einmal geben.
Wenn auch nur kurz auf dieser Welt,
viel zu wertvoll
ist Dein Leben.

Du bis sensibel
und doch so stark.
Du bist etwas Besonderes
doch zu Dir selbst
oft viel zu hart.

Du bringst die Dinge auf den Punkt,
findest den Sinn der Sinne,
baust mir Gedankenschlösser um,
bringst bunte Farben
in unendlich viele Dinge.

Mag gern mein Leben mit Dir teilen,
Du, mein zweites Ich.
Lass meine Gedanken bei Dir verweilen.
Du – Dich gibt's nur einmal
Nur Dich!

VI.

E t h i k

ist das Dach

unter dem alle Menschen in

Frieden + Freiheit

leben könnten

- alle Stämme alle Rassen alle Völker,
alle Weltanschauungen und Religionen.

Alle
Menschen
sind desselben Ursprungs

Wer anderen

Leid und Unrecht

zufügt

ist in seiner Seele

ein Krüppel

Liebe – Sanftmut - Güte
drei Säulen deines starken Ichs,
sie schützen sorgen und behüten,
damit das Glück nur nicht zerbricht.

Der Kranken, schwach an deiner Seite,
schenkst du deine Liebe im Überfluss.
Auf schwerem Weg sie treu begleitest,
trotz viel Verzweiflung und Verdruss.

Mit Sanftmut schlichtest du Fehden,
mit sanften Worten statt Gewalt.
Das ist dein starker Mut zu leben,
so schenkst du auch den Schwachen Halt.

Die Güte weckt dir Freunde auf,
und mit Vertrauen steh´n sie dir bei.
Als guter Mensch im Weltenlauf
machst du die Schwachen von Ängsten frei!

Grenzgänger

Man wird schnell Grenzgänger auf schmalem Pfad,
weil man den Weg der Gleichgültigkeit verlassen hat.

Wir klammern uns aneinander so gut es geht,
wenn man der verlogenen Wahrheit im Wege steht.

Es fällt oft schwer, der Überzeugung zu folgen,
wenn du wirst von der Gleichgültigkeit gescholten.

Es ist nicht einfach, das Rechte zu tun,
wenn man der Liebe von Herzen folgt.

Es ist wunderbar, Freude zu spenden,
wenn wir uns in Nächstenliebe verwenden.

Und doch ist´s oft schwer, Glück anzunehmen,
wenn Gott es mischt mit Unglück und Tränen.

Er möge uns trösten und behüten,
bis Freude wieder öffnet unsrer Träume Blüten.

So wollen wir in die Zukunft schauen,
solang wir denn uns und Gott vertrauen.

In unsren Herzen ist er Barmherzigkeit und Güte,
verschenkt seine Sanftmut - verleiht seine Güte.

Glaube – Hoffnung – Liebe

unser Leben

ist eine Chance

wir bekommen sie nur einmal

drum

Glaube	in	Demut
Hoffe	mit	Vertrauen
Liebe	ohne	Grenzen

Politiker

Ich sollte nicht mehr denken
gedankenlos sollte ich sein
dann wäre ich meine Gedanken los

Gewiss hätt ich dann kein Gewissen
gewissenlos sollte ich sein
dann wäre ich mein Gewissen los

Ja – umschulen sollte ich

ließe mich wählen

würde bezahlt

vom Volk

für meine
gedankenlose
Gewissenlosigkeit

Organspende und Würde

Die Würde des Menschen
ist unantastbar!

Die Würde der Alten
ist sie noch belastbar?

Die Würde der Kranken
kennt sie denn noch Schranken?

Die Würde der Spender
bestimmt sie der Versender?

Die Würde der Toten
wird sie bald verboten?

*

Die Würde des Menschen
ist unantastbar!

(so steht es in der Charta der Vereinten Nationen)

Haiti 2010 – Japan 2011

Der Planet lebt

Der Mensch strebt

Die Erde bebt

der Natur vergebt

Demut

schenkt dir Kraft

ein guter Mensch

zu sein

Die Erkenntnis,

nichts halten zu können

und die Bereitschaft,

sich miteinander zu verändern,

gibt uns die Gewissheit,

Frieden gefunden zu haben,

angekommen zu sein.

KREATIVITÄT

ist eine Kraft,

die wir

erkennen und annehmen

müssen,

um sie zu erhalten.

*

KREATIVITÄT

ist nicht planbar.

Mit der Macht des Schicksals

trifft

Allmacht auf Ohnmacht

Werden wir das je verstehen?

*

Schicksal – für den Narren die Ausrede für Versagen

Schicksal – für den Tyrannen die Ausrede für Morden

ALPHA & OMEGA

Der Anfang

einer Liebe

ist das Ende

einer Reise

oder ? . . .

Der Anfang

einer Reise

ist das Ende

einer Liebe

?

2015

...wir schaffen das*

ein Geistesblitz

... der den Friedens-Nobel-Preis verdient hätte ...

alte und junge Nazis nannten es „Unwort des Jahres"

*Zitat - Bundeskanzlerin Merkel

DAS DÜRFEN WIR NIE VERGESSEN

DEUTSCHLAND

heute

Ort der Sehnsucht und der Zuflucht

damals

Land des Schreckens und der Grausamkeit

Der Autor

Wolfgang Lorenz wurde 1946 in der westfälischen Stadt Dorsten geboren .
Nach dem Besuch der Höheren Handelsschule absolvierte er eine Ausbildung zum Schuh-Einzelhandels-Kaufmann und lernte dadurch als Einkäufer die mit seinem Beruf verbundenen Länder Europas kennen.
Weitere Charaktere und Mentalitäten wie auch ihm fremde Religionen der Menschen erfuhr er auf vielen Reisen in die Länder Brasilien, Uruguay, Argentinien und Kolumbien; Ägypten, Tunesien, Indien.
Noch zu Zeiten des Schah Reza Pahlewi lernte er bei einem mehrjährigen Aufenthalt im Land der Perser Sitten und Gebräuche des Orient kennen.
Mit ungefähr zwanzig Jahren begann er damit, seine Gedanken , Gefühle, Gedichte und Aphorismen aufzuschreiben. Von da an waren die Gedichte immer wieder der Ankerplatz seiner Seele.
Daraus entstand nun nach über 50 Jahren erlebtem und gelebtem Leben der Gedichtband
Lieder ohne Noten©

Wolfgang Lorenz veröffentlichte in 2020 seinen ersten Roman,
getrieben von Terror und Gewalt, Machtmissbrauch
durch Politik, Wirtschaft und Religionen. Der Buchtitel lautet:
Papst Mohammed©,
ISBN: 978 3 740 78144 6

Der Autor ist weiterhin Herausgeber eines wunderschönen
Gedichtbandes der Berliner Autorin Krista Heine, mit dem Titel:
Liebeserklärungen an das Leben©
ISBN: 978 3 740 78227 6

Lyrik

Gedichte
　　　　　　　Wut　　　　Feuer

　　Macht　　　　　　Glaube

　　　　　Sanftmut

　　　　　　　　　　　Poesie

Gedanken
　　Freude

　　Sonnenschein
　　　　　　Reue
　　Güte　　　　　Zorn

Gefühle

　　　　　　　Erzählungen

Verzeihung
　　　　Liebe
Abschied　　　　　Reise

Aphorismen
　　　　　　Trauer
Treue　　Schicksal

　　　　　　　Geschichten
　Schmerz
　　　Geheimnis
　　　　　　Verzweiflung

Liebesgedichte
　　　　Träume
Geduld